В оформлении обложки и внутренних страниц книги использованы фотографии Александра Юрченко, Романа Гинзбурга, а также экслибрисы художника Геннадия Верещагина

СЕРИЯ «ДРЕВНОСТИ СРЕДИЗЕМНОМОРЬЯ»

ПО СЛЕДАМ ЛОУРЕНСА АРАВИЙСКОГО

КНИГА 1. ЛИВАН

АЛЕКСАНДР ЮРЧЕНКО

«Я считаю его одним из величайших людей нашего времени. Подобного ему я не вижу нигде. Его имя будет жить в английской литературе, оно будет жить в анналах войны, жить в легендах Аравии».

Уинстон Черчилль о Лоуренсе Аравийском

СОДЕРЖАНИЕ

ПРЕДИСЛОВИЕ — XX

ПУТЕШЕСТВИЕ ПО КРЕПОСТЯМ И ЗАМКАМ ЛИВАНА. ЧАСТЬ ПЕРВАЯ. ЮЖНЫЙ ЛИВАН — XX

ПО ДОРОГЕ В САЙДУ — XX

БОФОР И ТОРОН — XX

ДНЕВНИКИ И ПИСЬМА ТОМАСА ЛОУРЕНСА ИЗ ЕГО ПУТЕШЕСТВИЯ ПО ПАЛЕСТИНЕ — XX

ПУТЕШЕСТВИЕ ПО КРЕПОСТЯМ И ЗАМКАМ ЛИВАНА. ЧАСТЬ ВТОРАЯ. СЕВЕРНЫЙ ЛИВАН — XX

ПУТЬ НА СЕВЕР. КРЕПОСТЬ ГИБЕЛЕТ В ДЖЕБЕЙЛЕ — XX

БАТРУН — XX

КЕПОСТЬ МУСЕЙЛИХА. (ФОРТ МХЕЙЛА) — XX

ЭНФЕ – ГОРОД ПРИЗРАКОВ — XX

ТРИПОЛИ — XX

ВМЕСТО ПОСЛЕСЛОВИЯ — XX

БИБЛИОГРАФИЯ — XX

ОБ АВТОРЕ — XX

В ЧЕМ УНИКАЛЬНОСТЬ КНИГИ «ПО СЛЕДАМ ЛОУРЕНСА АРАВИЙСКОГО»

О легендарном британском разведчике и шпионе Лоуренсе Аравийском, бросившем вызов целому государству – Османской империи, еще при жизни ходили легенды.

Но мало что известно о его детских и юношеских годах. Оказалось, Томас Лоуренс (таково его настоящее имя) с юности готовил себя к подвигам и уже в двадцать лет совершил один из них.

В 1909 году в одиночку за три месяца он прошел пешком в страшную жару более тысячи километров по территории Палестины, Ливана, Сирии и Турции. Во время своего похода молодой человек изучал крепости крестоносцев, разбросанные в горах в труднодоступных местах и на побережье Средиземного моря. Спустя сто лет, автор книги повторил маршрут Лоуренса Аравийского с научной целью.

Александр Юрченко в художественной форме он рассказывает о своем путешествии, ведет с Томасом Лоуренсом своеобразный диалог, разделенный столетием.

Сейчас уже становится понятным, что те места, которые посетил автор книги вслед за будущим легендарным британским разведчиком, быть может, никогда не предстанут пред взором путешественника в своем первозданном виде. Разрушительная война в Сирии стерла с лица многие памятники истории.

Тем ценнее наблюдения автора и сделанные им описания крепостей крестоносцев, многие из которых после посещения Томасом Лоуренсом никем не исследовались.

ПРЕДИСЛОВИЕ

Я бы никогда не взял на себя труд объяснять, кто такой Лоуренс Аравийский, если бы, рассказывая об этой книге, когда она ещё была в проекте, на вопрос: «Вы, конечно, знаете, кто такой Лоуренс Аравийский?» в девяноста девяти случаях из ста не получал бы отрицательный ответ. Самое обидное состоит в том, что и большинство моих сирийских друзей, особенно молодых людей, ничего не знают об этом человеке. Думаю, если бы такой вопрос я задал молодым британцам, то пришлось бы краснеть и за какую-то часть из них. Увы, время вычёркивает из людской памяти героев, а что же тогда остаётся - страшно подумать.

Лоуренс Аравийский был очень скромным человеком, очень образованным и очень старомодным, даже для своего времени. Ему нравились средневековые рыцари – тамплиеры, демократия аристотелевского образца, свобода и независимость. Он плохо вписывался в современную действительность имперской Великобритании, всю жизнь искал себя и так и не нашёл. Несмотря на всё это, он самый известный из героических личностей Британии XX века.

Томас Эдвард Лоуренс (Лоуренс Аравийский) родился 16 августа 1888 года в уэльском городке Термадоксе. Раннее детство будущего военного героя Британии прошло во французском городке Динаре, а с 1896 года семья переселяется в Оксфорд.

Где-то в 10 лет пытливый ребёнок заметил некую странность – родители никогда и нигде не называли себя «мужем» и «женой». При детях они говорили «мама» и «папа», наедине и при посторонних обращались друг к другу «Томас» и «Сара». Мальчик почувствовал неладное, но возраст не позволял ему понять правду: родители жили в гражданском браке, что осуждалось обществом, т.е. и он, и четыре брата считались незаконнорожденными детьми.

Взрослея, он догадывался обо всём, но ни словом не выдал себя перед родителями, которые, боясь позора и осуждения, тщательно скрывали семейную тайну от постороннего глаза. Это наложило отпечаток на характер Томаса: он рос задумчивым, молчаливым, застенчивым. Зато ночью, за чтением исторических романов из жизни средневековой Англии, он представлял себя рыцарем, скачущим на коне, сражающимся в рыцарских турнирах, защищающим честь Родины на поле брани.

В 1907 году, закончив Высшую школу Оксфорда для мальчиков, Лоуренс поступил в Оксфордский колледж Иисуса, где изучал историю и археологию. На каникулах юноша совершает сложные путешествия: в 1908 году на велосипеде он объехал всю Францию, а в 1909 году прошёл пешком более тысячи миль по Палестине и Сирии. И там, и там он изучал архитектуру средневековых крепостей и замков. С этой темой он защитил диссертацию и получил диплом с отличием.

Ещё в колледже на Томаса обратил внимание известный историк-востоковед Дэвид Хогарт, который пригласил молодого человека участвовать в археологической экспедиции на Ближнем Востоке, где Лоуренсу поручили руководить несколькими сотнями арабских рабочих-землекопов. С 1911 по 1914 год Томас занимался этой тяжёлой работой на раскопках хеттского города в верховьях Евфрата.

В январе 1914 года Лоуренс присоединился к военно-разведывательному проекту лорда Китчнера «Обследование Синая», который для отвода глаз выдавался за производство топографической съёмки. Итогом этих исследований явился доклад «Пустыня Син», принёсший ему известность.

Знание местности, прекрасное владение арабским языком, природные качества первопроходца-разведчика привлекли к молодому человеку внимание спецслужб и, когда начиналась I мировая война, Лоуренса призвали в армию в чине лейтенанта и отправили служить в качестве переводчика в Бюро по арабским делам в Каире. Здесь очень пригодилось знание арабского языка и реалий жизни на Ближнем Востоке.

Сначала Лоуренса командируют в Месопотамию – вести переговоры с немецкими генералами о почётной капитуляции британского гарнизона, попавшего в окружение. Затем ему поручили найти в арабской среде человека, способного возглавить восстание против Османского ига. Лоуренс находит такого человека – наследного принца Фейсала, сына эмира Мекки Хусейна.

Зная схему Хиджазской железной дороги, построенной немцами, Лоуренс устраивает целый ряд диверсий, взрывая несколько эшелонов, снабжающих турецкую армию.

Потом вместе с шерифом Насером возглавляет беспримерный поход на верблюдах через Сирийскую пустыню и 6 июня 1917 года захватывает порт Акабу на Красном море.

В 1918 году войска арабов во главе с принцем Фейсалом входят в Дамаск. Лоуренс также участвует в захвате столицы Сирии во главе группы британских войск.

Популярность Лоуренса в арабском мире была чрезвычайно велика. И он симпатизировал арабскому народу, чаяниям арабов о независимости.

В 1919 году уже в чине полковника Лоуренс участвует в Версальской мирной конференции, где, наперекор намерениям правительства Великобритании, пытается отстоять идею создания независимого арабского государства. Но идти против налаженной государственной машины тяжело, инициативы Лоуренса остаются без внимания у других членов делегации.

В дальнейшем, Лоуренс, разочаровавшись в политике, отказавшись от высших наград Британии, стесняясь своей известности, меняет фамилию (берёт её у своего друга, известного писателя Бернарда Шоу), служит в авиационных частях, занимается литературной деятельностью. Из-под его пера выходит роман об арабском восстании «Семь столпов мудрости», и перевод с древнегреческого «Одиссеи» Гомера.

Жизнь Лоуренса Аравийского полна тайн и остаётся не до конца понятой многочисленными исследователями. Те, кто хочет больше узнать об этой загадочной личности, могут найти ответы на многие вопросы в книге известного британского специалиста по военной тактике Б. Лиддела Гарта «Лоуренс Аравийский». Я же, в завершение моего краткого рассказа, в котором каждая строчка биографии Лоуренса Аравийского может претендовать, по крайней мере, на отдельную статью, приведу рассуждения писателя о том, какую роль сыграл Лоуренс Аравийский в борьбе арабского народа за независимость:

«Я начал писать эту книгу с намерением дать исторический обзор того восстания арабов, в котором Т. Е. Лоуренсу, естественно, пришлось бы отвести большое место. Я ставил себе целью снять покров «легенды», которым был окутан этот особенно интересный эпизод мировой войны, и выявить его роль в основных военных событиях и в истории ведения иррегулярных военных действий. Мне хотелось также установить действительные размеры личного участия Лоуренса, которое, как я полагал, менее чем ему приписывает легенда.

По мере того, как я углублялся в выяснение вопроса, картина менялась. Крупные события являлись результатом деятельности Лоуренса, прочие становились незначительными. Я увидел, что правда оказалась больше той, которая содержалась в сделанном Лоуренсом разъяснении, что якобы его роль была только координирующей, что он лишь «раздул искры в пламя, превратив ряд не связанных друг с другом выступлений в сознательную военную операцию». По мере уточнения событий, личность Лоуренса выявлялась всё более и более отчётливо. Наконец, я убедился, что восстание арабов было делом его рук. Это и послужило поводом для переработки книги мною заново, и к освещению в ней, прежде всего, роли Томаса Лоуренса».

Мнение Гарта очень важно, поскольку вокруг имени Лоуренса Аравийского до сих пор ведётся много споров, а писатель лично знал полковника и часто беседовал с ним.

Томас Лоуренс,
выпускник колледжа Иисуса в Оксфорде

ПУТЕШЕСТВИЕ ПО КРЕПОСТЯМ И ЗАМКАМ ЛИВАНА

ЧАСТЬ ПЕРВАЯ. ЮЖНЫЙ ЛИВАН

18 июня 1909 года двадцатилетний Томас Эдвард Лоуренс оставил Англию, сел на борт парохода «Монголия», сделал пересадку в Порт-Саиде и 7 июля прибыл в Бейрут. Сто лет спустя после поездки моего знаменитого предшественника, я сел на борт сизокрылого лайнера компании UM-Air в Киеве и в тот же день 7 июля только уже 2009 года благополучно приземлился в Бейруте. Томаса ожидал 3-х месячный тысячемильный изнуряющий пешеходный маршрут по крепостям крестоносцев в Палестине, Сирии и Ливане. Я собирался по возможности повторить его маршрут, с той лишь разницей, что предполагал перемещаться с помощью всех известных цивилизации транспортных средств.

Томас тщательно готовился к поездке. Он брал уроки рисования и фотодела (первые фотоаппараты только появились тогда), чтобы фиксировать всё увиденное. Изучал арабский язык и карты Ближнего Востока. Казалось, вся его предыдущая жизнь была лишь подготовительным этапом перед этим трудным путешествием. Юноша приучал себя обходиться малым количеством еды и воды, спал на полу, купался в пруду в любое время года, много ходил пешком, а если ездил на велосипеде, то в гору поднимался верхом, а вниз нёс велосипед на плечах. Ну и, само собой разумеется, читал по ночам книги об ордене тамплиеров, поклонником которого был, о средневековых рыцарях, об их владениях в Европе и на Востоке. Особо изучал архитектуру средневековых замков, объездил во время каникул на велосипеде всю Англию и Францию, делая фотографии и рисунки. Но больше всего его привлекала эпоха крестовых походов, и чем больше он читал по этой теме, тем больше разочаровывался в духовной составляющей похода и понимал, что истинной целью большинства рыцарей было не спасение Гроба Господня, а земные желания - приобретение собственности и нажива. Уместно будет вкратце напомнить читателю историю первого крестового похода.

Клермонский собор. В ноябре 1095 года во французском городе Клермоне собрался церковный собор, на котором папа Урбан II призвал христиан к походу на Ближний Восток с целью помочь братьям-христианам Византии защититься от неверных, а заодно освободить Гроб Господний в Палестине, находящийся в руках мусульман.

Папа Урбан 2 председательствует на Клермонском соборе. Миниатюра Жана Коломба. Из книги Себастьяна Мамро «Походы французов в Утремер. 1474 год

На призыв откликнулась масса обедневших рыцарей и младших членов феодальных семей, не получивших наследства. Поход возглавили знатные и влиятельные лица: герцог Годфруа Бульонский из Нижней Лотарингии, крупнейший французский феодал граф Раймунд Сен - Жиль Тулузский, норманнский принц Боэмунд Сицилийский и его племянник Танкред.

В декабре 1096 года войска крестоносцев объединились под Константинополем и, одержав ряд побед, в марте 1098 года победоносно вошли в Иерусалим. На захваченной территории образовалось четыре латинских государства: королевство Иерусалимское, графство Триполи и княжества – Эдесское и Антиохийское.

Со временем надёжной опорой крестоносцев на землях Сирии и Палестины стали рыцари двух религиозных братств, созданных на Святой земле после первого крестового похода:

Первое – Суверенный военный орден госпитальеров святого Иоанна - обычно госпитальеры или иоанниты – основано в 1080 году в Иерусалиме для медицинской и финансовой помощи паломникам, прибывающим на Святую землю поклониться Гробу Господнему. В 1113 г. преобразовано в военный орден.

Печать рыцарей тамплиеров

Второе – орден бедных рыцарей Христа и храма Соломона (обычно - рыцари Храма, храмовники, тамплиеры). Основан в 1118-1120 г.г. для защиты (конвоирования) паломников, прибывающих на Святую землю.

Щит рыцарей госпитальеров

Госпитальеры и тамплиеры построили в Сирии и Палестине множество грозных и неприступных фортификационных сооружений.

ИЗ БЕЙРУТА В СИДОН

Итак, 7 июля 1909 года Томас Эдвард Лоуренс (будущий Лоуренс Аравийский), студент-выпускник Оксфордского университета прибыл в Бейрут морем из египетского Порт-Саида, куда, в свою очередь, почти двадцать дней добирался морем из Англии.

Он остановился в общежитии Американского Университета и в первый день по приезду побеседовал с преподавателями и поделился с ними своими планами. Те заверили, что каждое лето во время каникул совершают туристические путешествия по Ближнему Востоку и это так же легко, как если бы ты путешествовал по Европе. Самым интересным местом они считали древний город Петру, где основатель знаменитой сейчас туристической компании Томас Кук в то время организовал лагерь для путешественников.

Томас поблагодарил за совет, а в душе улыбнулся, ведь цели перед собой он ставил отнюдь не туристического свойства. Но все равно, он извлек из этого разговора определенную пользу: рассчитывать на советы и рекомендации новых знакомых не было смысла, приходилось полагаться только на свои силы. Задача для человека, впервые попавшего на Ближний Восток – регион множества тайн и загадок – весьма сложная.

Американский Университет находится довольно близко от моря, и еще до наступления сумерек Томас успел прогуляться по набережной, полюбоваться знаменитыми «голубиными» скалами и побродить по узким улочкам.

Молодой человек был очарован восточным колоритом города, вместе с тем он отмечал некую европейскость, заключавшуюся в чистоте улиц, обилии уютных ресторанчиков и модных магазинов. Но расслабляться и отдыхать в этом чудесном городе нельзя – он принял решение не терять времени зря и с рассветом отправиться пешком вдоль берега Средиземного моря в Сидон (сейчас - Сайда). Пройти предстояло чуть больше тридцати миль.

Бейрут. Голубиные скалы. Снимок предоставлен туркомпанией «Феерия мандрив»

Тягаться с двадцатилетним Томасом Лоуренсом в выносливости мне было не под силу, поэтому вместо пешего перехода я нанял машину и уже через сорок минут подъезжал к городу.

Арабское название «сайда», в буквальном смысле означающее «рыбный промысел», вполне оправдывало себя. Набережная Сайды насквозь пропитана запахом моря, вернее, запахом рыбы - многочисленные лотки с дарами моря здесь на каждом шагу.

В дальнейшем я буду также использовать и финикийское название – Сидон. Это библейское имя сына Ханаана, внука Хама. Оно говорит о древности города. Так сложилось исторически, что рыбная ловля, как и мореплавание, стали основным видом деятельности финикийцев.

В древнем Сидоне существовало аж четыре морских гавани, и все они имели разные назначения. Самая южная, называвшаяся Гранатовой, предназначалась для связи с Египтом, Северная – отправляла корабли в финикийские города Библос и Угарит, а оттуда далее в Древнюю Элладу.

Город был обнесен крепостными стенами и имел четыре выхода к гаваням. В этом, наряду с могущественным флотом, было его преимущество, которое создавало трудности участникам Первого крестового похода, еще не имевшим своих кораблей. Поэтому они не смогли захватить город с первой попытки.

ОСАДА СИДОНА

Сидон пал одним из последних портов Ливана и Палестины, когда предприимчивые генуэзцы, пизанцы и венецианцы предоставили европейским рыцарям свои корабли. Вот как описывает взятие города арабский историк Ибн аль-Каланиси:

«Объявили, что некий франкский король пришел с моря, приведя более шестидесяти кораблей с воинами...

Они начали осаду прибрежной крепости Сидон 19 октября 1110 года и окружили ее с суши и моря. Египетский флот стоял на якоре возле Тира, но он не смог прийти на помощь Сидону. Франки построили башню и с ее помощью атаковали город; она была обвязана виноградной лозой, покрыта коврами и свежими бычьими шкурами, защищавшими ее от камней и смолы. Они принялись с перерывами в несколько дней передвигать ее с помощью колес, на которых она стояла.

Когда наступил день сражения и башню придвинули к крепостной стене, франки воспользовались ею, чтобы начать атаку. Они поместили туда воду и уксус на случай пожара, а также все необходимое для сражения. Когда жители Сидона увидели их приготовления, их решимость ослабла. Они отправили к франкам своего кади и старейшин города, чтобы те просили Балдуина сохранить им жизнь. Он внял их просьбам... Осада длилась сорок семь дней».

Сидон вошел в состав Иерусалимского королевства и был передан во владение семейству Гранье, которое владело им в общей сложности сто сорок лет, пока в 1260 году Джулиан Гранье не продал его рыцарям тамплиерам.

Семейство Гранье. Одно из самых влиятельных в Иерусалимском королевстве. Основатель рода Юстас Гранье, выходец из городка Теруан на крайнем севере Франции, участвовал в Первом крестовом походе. За боевые заслуги король Балдуин I подарил ему Сидон сразу после взятия города в 1111 году. В 1123 году, когда следующий правитель король Балдуин II попал в плен, Гранье был избран констеблем Иерусалима и регентом королевства.

КРЕПОСТЬ ЛЮДОВИКА СВЯТОГО

Найти следы крепостных стен Сидона не представлялось возможным. Арабский военачальник Салах а-Дин захватил город в 1187 году и до основания разрушил его стены, полагая, что взял Сидон в свои руки навсегда, но рыцари через десять лет вернули его себе обратно. Зато два укрепленных сооружения сохранились до наших дней. Это крепость Людовика Святого в центре города и Морская крепость – на небольшом островке у входа в Северную гавань.

Крепость Людовика Святого

Крепость Людовика Святого семейство Гранье соорудило еще в середине 12 века на месте арабского укрепления, возведенного, в свою очередь, на руинах финикийского Акрополя

Свое историческое название она получила намного позже, почти через сто лет, так как была штаб-квартирой короля Франции Людовика IX, (прозванного Людовиком Святым), руководившего 7-м и 8-м крестовым походом.

Крепость Людовика Святого неоднократно перестраивалась и сейчас влачит жалкое существование. Наибольший урон ей принес захват монголами.

Зато другая крепость - Морская (арабское название Калаат аль Бахр) - хорошо сохранилась, является визитной карточкой города и хорошо видна уже на подъезде к Сайде.

МОРСКАЯ КРЕПОСТЬ

Сегодня был явно не наш день. На входе в крепость, огражденную со стороны суши забором, висел огромный замок.

Морская крепость Сидона

- Наверное, выходной, - предположил шофер. А я все-таки сделал снимок издалека через решетчатые прутья забора

Расстояние до цели нашего приезда великовато - длина дамбы, соединяющей крепость с берегом, метров сто. Досадно. Я ведь коллекционирую крепости и обязательно должен сделать хороший снимок.

Шофер обратил мое внимание на роскошный ресторан с зеленой лужайкой, граничащей с территорией крепости. Идем по изумрудной траве в самый отдаленный угол открытой площадки. Делаю несколько снимков. Вдруг один из официантов с решительной походкой направляется к нам.

«Ну, наверное, скажет, что нельзя ходить по траве, - подумал я. – Или чего доброго, скажет. Что делать снимки запрещается».

Шофер ведет с ним длительные переговоры на арабском. Оба размахивают руками, что-то запальчиво объясняют друг другу. Я давно заметил, что такое общение не всегда означает, что они ругаются. Это у арабов такая манера поведения, эмоциональная.

Наконец оба устало затихают и улыбаются друг другу. Я жду развязки.

- Он приглашает выпить чашечку арабского кофе. За счет заведения, - добавляет мой спутник.

По кивку официанта к нам подходит молодой человек, почему-то одетый по-турецки. На нем темно-красные шаровары, такая же рубашка навыпуск с двумя рядами вышивки сверху вниз, на голове феска, в руках поднос с высоким кофейником.

Он наливает чашечку кофе. Ароматная струя льется с большой высоты, но ни одна капля не выплескивается. Это настоящее искусство. Кофе очень крепкий. Чувствуется, как тепло разливается по всему телу, а мысли в голове приобретают строгий порядок.

Я благодарю молодого человека за угощение. Подхожу к забору и делаю еще несколько снимков крепости.

ВТОРОЕ РОЖДЕНИЕ СИДОНА

При подготовке Шестого крестового похода, который должен был возглавить немецкий король Фридрих II, в Сидон начали съезжаться паломники из Франции, Англии и Испании. Они хотели укрепить город стенами и реконструировать старую крепость, возвышавшуюся в центре города. Обследовав руины стен, разрушенных, как мы помним, Салах ад-Дином, пилигримы пришли к выводу, что сделать это будет чрезвычайно трудно. Тогда они стали подыскивать место для строительства новой крепости.

Их внимание привлек маленький остров, находившийся в море посреди Северной гавани в ста метрах от берега. Строители посчитали, что смогут возвести более мощную крепость, причем за короткое время. Раньше на острове существовал храм, посвященный финикийцами Мелькарту – верховному богу города Тира, которому, как покровителю мореплавания, поклонялись повсеместно по всей Финикии. Большая часть храма с колоннами сохранилась, и ее было решено разобрать и использовать для строительства.

За дело принялись в День святого Мартина 11 ноября 1227 года, а 2 марта 1228 года строительство было закончено. Темп потрясающий даже для нашего времени.

Строители-паломники соорудили мощную башню и еще одну поменьше размером и возвели между ними стену. Если подойти по дамбе, соединяющей Морскую крепость с берегом, можно увидеть множество фрагментов античных колонн, использованных при строительстве.

Крепость выглядит более укрепленной со стороны, обращенной к берегу, чем в сторону моря. Ее основным назначением было защищать город от вторжения сухопутных войск. Если забраться на крышу главной башни, с нее открывается великолепный вид на бухту и город.

Средневековая восточная экзотика хорошо сохранилась как раз в районе крепости. Это старый рынок с многочисленными торговыми рядами, являющийся образцом средневекового восточного базара. Интерес представляет также караван-сарай Хан аль-Франж (дословно: караван-сарай франков).

Он был подарен французам в 1610 году ливанским эмиром Фахр ад-Дином II Мааном как проявление желания развивать торговые отношения с Европой. Хан аль Франж - одно из самых больших сооружений такого типа в Сайде. Он имеет нарядный и роскошный вид.

Вокруг внутреннего двора с арчатым входом и фонтанами расположены два яруса комнат. Первый этаж использовался в качестве складских помещений, конюшен и мастерских, второй был отведен под жилые помещения – здесь останавливались приезжие купцы. Часть комнат была отдана резиденции французского консула и ордену францисканцев.

После провозглашения Ливаном независимости в караван-сарае был приют для сирот. Сейчас проводится реконструкция, со временем здесь разместятся библиотека, культурный и туристический центр.

Во времена посещения Лоуренсом Аравийским Сайда была в запустении. Сейчас это третий по величине город Ливана, с динамично развивающейся промышленностью. Это родина Рафика Харири, бывшего президента Ливана, много денег вложившего в благоустройство города.

БОФОР И ТОРОН

ТОМАС ЛОУРЕНС. ПО ДОРОГЕ В БОФОР

Еще до поездки Томас много читал о Сидоне поэтому находился здесь. недолго. Зарисовал план Морской крепости, обратил внимание на античные колонны в ее стенах, не преминул возможностью подняться по лестнице на крышу, с которой хорошо был виден весь город и дорога, ведущая дальше на юг.

Следуя рекомендациям французского ученого Эмиля Дешана, Томас собирался обследовать замок крестоносцев Бофор, контролировавший дорогу к ливанским портам, а затем намеревался двинуться в земли Палестины, вплоть до Геннисаретского озера (современное название Тивериадское), места, где проповедовал Иисус Христос.

Отправился в путь, как только встало солнце…

Идти следовало в сторону городка Набатия строго на юго-восток.

Сначала дорога была ровной, но не успел Томас пройти и двух миль, как рельеф местности изменился до неузнаваемости. Грунтовая дорога петляла между живописных холмов, обильно поросших ливанской сосной и кустарником. Чем дальше углублялся путешественник в сторону Набатии, тем более увеличивалась амплитуда этих своеобразных «качелей». В письме к родным Томас сообщал:

«На ежедневном переходе я опускался и поднимался на высоту, равнозначную Монблану… Дороги или ведут, то вверх, то вниз, или кружат вокруг гор в долинах, и не всегда бываешь уверенным, что они, вообще, куда-то приведут».

В Набатии Томас нанял проводника. Местные жители объяснили, что сам он дорогу найти не сможет.

МОЯ ПОЕЗДКА В БОФОР

Еще в Бейруте мне говорили, что найти водителя для поездки на юг Ливана будет очень тяжело. Там находится несколько лагерей палестинских беженцев, это постоянный источник неспокойствия и напряженности. Вспомним гражданской войну, длившуюся почти 20 лет и события в лагерях Сабр и Шатилла.

Так что согласие моего водителя продолжить поездку и удивило и порадовало.

Один из лагерей находился в южной части города, как раз на нашем пути. Само определение «лагерь» звучит весьма условно. Здесь нет забора или колючей проволоки. Хилые домишки с плоской крышей, словно детские кубики, с которых сняли бумагу с цветными рисунками, были разбросаны вокруг самым хаотичным образом.

Единственное, что объединяло их - они находились очень близко друг к другу, словно закрепленные старым канцелярским клеем. Для наблюдательного человека это сцепление выглядело эфемерным: казалось, стоит дунуть ветру с ближайших гор, и они рассыплются словно карточные домики.

Нет смысла описывать дорогу. Она была точно такой, как представил ее в своих письмах и дневниках Томас Лоуренс. Отличалась лишь тем, что не являлась грунтовой, по бокам заросшей чертополохом, а была покрыта асфальтом высокого качества.

Замок Бофор открылся нашему взору неожиданно. Мы въезжали в долину, окруженную невысокими холмами, к востоку от которых черной громадой нависла знаменитая гора Хермон.

Снимок было делать бессмысленно, так как руины Бофора находились на вершине 300-метрового утеса, сливались с его черной громадой и практически не были видны. Место для строительства было выбрано неслучайно. Внизу протекала река Литани, пробившая через горы коридор. Это практически единственное место, которое позволяло в Средние Века преодолеть Ливанский хребет в направлении города Тир.

Замок Бофор контролировал подходы к этому важному средиземноморскому порту. Раньше на этом месте размещалось арабское военное сооружение Калаат Шакиф. Из исторических хроник известно, что Иерусалимский король Фульк Анжуйский в 1139 году захватил Калаат Шакиф и передал во владение лорду Сидона Джерарду Гранье, который и соорудил на его месте замок.

ЛОРД СИДОНА РЕНО ГРАНЬЕ И МАДАМ КУРТЕНЭ

Жизнь в Бофоре шла свои чередом, пока в 1187 году не случилась Хаттинская трагедия, когда лучшие силы крестоносцев были разгромлены войском султана Салах ад-Дина. В результате мусульманская армия захватила около десятка крепостей и все города на побережье Средиземного моря, кроме Тира.

Наследник Джерарда Гранье лорд Сидона Рено переехал из города в замок Бофор и засел в нем с двумя тысячами солдат. Его семья оставалась в Тире - там было намного безопаснее.

Имя Рено Гранье лорда Сидона впервые появилось в хрониках в связи с женитьбой на Агнес де Куртене, даме из влиятельного рода со сложной судьбой, четырежды до брака с ним побывавшей замужем.

Бракоразводный процесс Агнесс с ее третьим мужем Амори

Первый раз Агнес Куртене вышла замуж пятнадцатилетней девочкой в 1149 году. Ее отец Джоселин II де Куртене, владелец Эдесского графства выдал ее за Рено из Мараша, погибшего на следующий год в битве при Инабе. Второй ее муж рыцарь Гуго из Ибелина попал в мусульманский плен в 1157 году. Третьим, в том же году, стал сын короля Фулька Анжуйского – Амори (граф Джаффы и Аскалона), будущий Иерусалимский король. Дети от этого брака Балдуин и Сибилла стали претендентами на королевский трон.

Когда Амори избрали королем, его окружение посчитало союз с Агнес невыгодным, брак был аннулирован Церковью, а над детьми взята опека.

В 1163 году Агнесс возобновила отношения с Гуго из Ибелина, выпущенным на свободу, но счастье было недолгим, через шесть лет Гуго умер во время паломнической поездки в Сантьяго де Компостела. На следующий год после его смерти Агнес вышла замуж за Рено Гранье, приняв титул графини Сидонской.

Помолвка Амори I и Марии Комнины, племянницы императора Мануила I Комнина. Средневековая миниатюра

Об Агнес Куртене написано несколько исторических романов, о жизни ее последнего мужа, судьба которого связана с Бофором, известно меньше, поэтому о событиях в замке и о его владельце расскажу подробнее. Тем более, что Томас Лоуренс, по следам которого шел мой маршрут интересовался не только устройством крепостей, но и событиями, происходящими вокруг них.

ОСАДА ТИРА САЛАХ АД-ДИНОМ

Тир был тем местом, через которое крестоносцы получали подкрепление из Европы. Поэтому арабская армия во что бы то ни стало старалась овладеть его портом.

Салах ад-Дин почти год осаждал Тир, но не смог взять город, так как по морю крестоносцам постоянно приходило подкрепление. В 1189 году главные силы султана подступили к Бофору.

Рено Гранье, лично знавший Салах ад-Дина, поехал на переговоры с этим могущественным полководцем. Он пообещал сдать крепость, но попросил отсрочку на три месяца, чтобы вывезти свою семью и имущество из Тира. Салах ад-Дин дал свое согласие.

Осада Тира. Миниатюра Жана Коломба из книги Себастьяна Мамро «Походы французов за море против турок сарацин и мавров». 1474 год

Рено же использовал это время для подготовки к осаде.

Когда три месяца прошло, Гранье поехал в лагерь к Салах ад-Дину просить продлить отсрочку, но султан разгадал хитрость противника и арестовал его.

Он вывез владельца замка под стены крепости и устроил показательную пытку. Рено кричал солдатам на арабском, чтобы они сдавались, и тут же на французском отдавал приказ защищаться до конца.

Гарнизон отказался сдаться, и Рено был увезен в Дамаск и брошен в тюрьму. Осада продолжалась около года. В конце концов, Салах ад-Дин договорился с осажденными о сдаче крепости в обмен на освобождение Рено.

Рено Гранье, внук первого лорда Сидона Юстаса Гранье, на то время оставался одной из самых влиятельных фигур Иерусалимского королевства. В хрониках сохранились его характеристики. В одной из них «Lignages d'Outremer» он характеризуется как «как крайне уродливый и очень умный». Рено был одним из немногих урожденных баронов Королевства, кто говорил на арабском и был знаком с арабской литературой. Он был в добрых отношениях с братом Салах ад-Дина - Ал-Адилом.

Рыцарь Хэмпфри из Торона видел его охотящимся в своих угодиях вместе с братом султана. Эти сведения не располагали к нему тех западных хронистов, которые поддерживали Ричарда Львиное Сердце и Гая Луизиньяна в борьбе за трон Иерусалимского королевства. Как и Раймонд Триполийский, сторонник другой партии, Гранье был обвинен в тайном обращении в Ислам.

После освобождения из заключения в 1190 году Рено женился на Хевиз, старшей дочери его друга Балиана II из Ибелина и византийской принцессы Марии Комнины при разнице в возрасте в сорок лет (Хевиз родилась в 1178 году). Первая жена Рено Агнес Куртене к тому времени умерла, не дожив и до пятидесяти лет. Рено Гренье имел трех детей, считается, что от молодой жены, но некоторые историки полагают, что две старшие дочери были рождены от Агнес.

Арабские источники благосклонно относятся к его личности. Сообщают, что он был полезен как дипломат: участвовал в переговорах Салах ад-Дина с Конрадом Монератским и позднее помогал вести переговоры о мире между королем Англии Ричардом и Салах ад-Дином.

Бьюфорт был неприступной крепостью. Уже то факт, что такой опытный и удачливый военачальник как Салах ад-Дин не мог взять замок приступом говорит о его надежности. С севера и востока замок обращен к реке, высота скалы триста метров является серьезным препятствием. С запада и юга его окружает высеченный в скальной породе грандиозный ров.

Снимки в Бофоре делать не разрешили, поэтому будем довольствоваться планом крепости, нарисованным Лоуренсом.

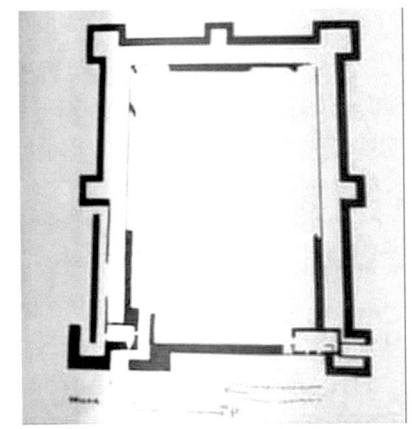

План крепости Бофор.
Рисунок Лоуренса

ТОРОН

Ознакомившись с Бофором, Томас Лоуренс повернул на восток, и одному только проводнику известными тропами, они двинулись к крепости крестоносцев Баниас, находившейся в глубоком ущелье, о которой он оставил такую запись в дневнике: «люди, живущие там, имеют чудеснейшую крепость, и самую худшую репутацию во всем Святом Ливане».

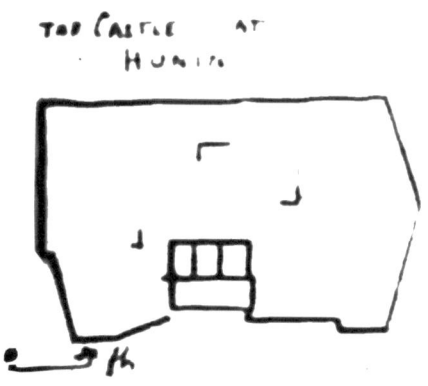

План крепости Хунин. Рисунок Лоуренса

Затем они посетили небольшую крепость Хунин. О ней Лоуренс сделал такую запись: «Крепость пустячная по мощности, годится только для ловли блох».

Здесь Томас попрощался с проводником, и, узнав у него дорогу, направился на запад, в селение Тибнин, где находился замок крестоносцев Торон.

Я не мог один к одному продолжить путь по следам Лоуренса Аравийского, так как Баниас находился на территории, аннексированной Израилем у Сирии в результате последней сирийско-израильской войны. Хунин относился к землям Древней Палестины, ныне принадлежащим государству Израиль. Поэтому, побродивши по лабиринтам замка Бофор, и перекусив в доме крестьянина в селении Арнун, мы поехали в Тибнин. Туда же отправился и Лоуренс, только пешком. Нам предстояло проехать не более двадцати километров, но мы затратили на дорогу почти два часа, так как шоссе петляло между холмов как заяц, спасающийся от лисицы.

Мои многочисленные поездки в Ливан подтверждают тот факт, что не всегда самое красивое и интересное можно увидеть в столице страны. В самых неожиданных, удаленных от центра точках, я часто находил удивительные по красоте места, имеющие свою культурологическую, историческую и жизненную философию. Открытием такого рода стал для меня Тибнин.

Город расположен на плато на высоте семьсот метров над уровнем моря. Застройка не хаотичная, как часто бывает на Востоке: прямые улицы, а между ними многочисленные переулки и переулочки, красивые дома.

В Тибнине много зеленых насаждений: растут кипарисы, часто встречаются пальмы. Здесь есть все, что присуще для южного колорита: маленькие кафе и ресторанчики, возле которых старики курят кальян и играют в нарды, пешеходная зона, где местные жители степенно прогуливаются по вечерам.

Я обратил внимание, что среди жителей встречается много белокурых людей, по внешнему виду похожих на европейцев. Из бесед я выяснил, что многие семьи ведут свою родословную от финикийцев, и, безусловный факт, что от европейцев.

Во многих семьях мне рассказывали предания, что мастера из их рода помогали строить Цезарею Филиппову эллинистический город, который находится почти рядом - по ту сторону горного хребта Хермон. Некоторые «признавались», что их предки имели отношение к Палестинской Цезарее, которая расположена рядом с Хайфой. И практически каждый отмечал тот исторический факт, что Тибнин был промежуточным торговым пунктом и местом остановки на пути из Дамаска и Иерусалима в Тир.

Арабский средневековый историк Ибн Джубайр в 1184 году писал: *«Мусульманское население между Тибнином и побережьем обладало большими правами самоуправления и пользования своими обычаями.»*

А британский ученый Джонатан Райли Смит в книге «Крестовые походы и войны 1097 – 1193 г.г», ссылаясь на того же историка Ибн Джубайра, пишет: *Таможня ниже Торонского замка не взимала налогов ни с купцов, ни с путешествующих, направлявшихся в порт Акра. Плодородные земли Тебнина сделали его житницей королевства крестоносцев, а его светлость граф Онфруа Торонский, владелец замка, имел право чеканить свою монету».*

Замок Торон является знаковым сооружением Тебнина, главной исторической достопримечательностью. Его построил в 1105 году на холме возле города рыцарь Гуго Фалькеберг по прозвищу Гуго Сент- Омер, представитель знатной дворянской фамилии из Артуа, спутник графа Балдуина Бульонского во время Первого крестового похода.

Король Балдуин III Иерусалимский передает захваченную мечеть Аль-Акса во владение Гуго де Пейну и Годфри Сен Омеру, основателям ордена тамплиеров, или храмовников в честь храма Соломона, как стали называть мечеть Аль-Акса. Средневековая миниатюра

Гуго часто, но безуспешно пытался захватить финикийский порт Тир. Расстояние от Тиверии, где размещалось его войско, было слишком велико, чтобы осуществить эту мечту. Вот он и построил замок в двадцати километрах от Тира, назвав его по-французски «le toron», что означает высокое место. В одном из боев с арабами Гуго погиб от выстрела из лука.

После смерти первого владельца замок был передан во владение Онфруа I, норманнскому рыцарю из Южной Италии, предки которого были викингами из Дании. С 1152 года гарнизоном замка стал командовать его сын - Онфруа II, констебль Иерусалимского Королевства, один из самых знаменитых крестоносцев.

Годфри Сент Омер погибает в бою от выстрела стрелы

Арабский хронист Ибн аль-Атир сообщает, что он проявил себя как исключительно храбрый и в тоже время осторожный в военных делах.

Наследники Онфруа I перенесли свое влияние и на другие замки, находившиеся поблизости. Так замок Баниас, который Томас Лоуренс посетил во время путешествия по Палестине, перешел в собственность Онфруа II, в результате его женитьбы на дочери прежнего владельца - Ренье Бруса. Его сын, Онфруа III, женился на дочери лорда Трансиордании, и получил права на Сафет и ряд других крепостей.

Онфруа IV стал владельцем замка Торон после того, как его

Онфруа 2 погибает от выстрела стрелы Средневековая миниатюра

дед Онфруа II погиб от выстрела из лука, прикрыв грудью короля Иерусалимского Балдуина IV в сражении с мусульманами возле крепости Баниас в 1179 году.

После победы над крестоносцами в битве под Хаттином Салах ад-Дин занял замок Торон, благодаря осадным машинам и незначительной численности гарнизона. Онфруа IV ничем не мог помочь своим рыцарям, так как попал в плен под Хаттином.

Вскоре он получил свободу и перебрался в крепость Керак в Трансиордании, которой также владел. В битве за Керак он снова был пленен, но вскоре опять отпущен.

Об Онфруа IV написан исторический роман, он также является одним из персонажей фильма о крестоносцах «Царство небесное».

Король Амори выдает свою дочь Изабеллу замуж за Онфруа IV. Средневековая миниатюра

Онфруа IV вернул себе Торон, но когда он женился на Изабелле, дочери Иерусалимского короля Амори, Торон перешел в королевский домен.

Во время III крестового похода архиепископ Пизы и епископ Бевуазье аннулировали брак, поскольку Изабелле еще не было шестнадцати лет. Это было лишь формальным предлогом, потому что ее решили выдать замуж за Конрада Монфератского, чтобы он имел права на Иерусалимский престол. После развода с Изабеллой Торон снова возвращен Онфруа.

Еще 50 лет замок находился во владении Тевтонского ордена, но в 1266 году был захвачен Бейбарсом и окончательно перешел к мусульманам.

ДНЕВНИКИ И ПИСЬМА ТОМАСА ЛОУРЕНСА ИЗ ЕГО ПУТЕШЕСТВИЯ ПО ПАЛЕСТИНЕ

Эта глава не имеет отношения к моему рассказу о путешествии Лоуренса Аравийского по Ливану, но включена в книгу, потому что хронологически связана с остальным повествованием.

Здесь, за неимением другой информации, я буду использовать дневники и письма Лоуренса Аравийского. Может быть, в будущем мне удастся проследить и этот путь моего героя. А пока напомню, что после обследования Бьюфорта, Томас Лоуренс посетил крепости Баниас и Хунин, потом вернулся в Ливан, изучил крепость Торон в Тебнине, после чего отправился в Палестину (сейчас государство Израиль) осматривать другие крепости, а также библейские места.

Нужно отметить, что местность в районе обследования Лоуренсом крепостей в то время была крайне тяжела и утомительна для путешествий, как, впрочем, и вся территория Ливана и Палестины. Вот, что Томас пишет об этом своему другу.

«Что больше всего поразило меня здесь, так это, если коротко, крайне тяжелые условия для передвижения. Дорога вдоль берега зажата между морем и холмами на расстоянии между ними не более 50 ярдов (45 метров), и через эти холмы вы не сможете ни пройти, ни проехать, так как они завалены большими и малыми валунами, и нигде ни дюйма окультуренной земли. К тому же, на пути ежечасно встречаются бесчисленные маленькие «вади» (русла ручьев, часто пересохших), глубокие и обрывистые, которые можно перейти, только карабкаясь на четвереньках. В один из однодневных переходов от озера Гулех к Сафету можно подниматься на 16 тысяч футов в гору, опускаться на 1500 футов в ущелье и только 220 ярдов (180 метров) ровного пути на всем маршруте, только одна узкая тропка, по которой можно пройти без страха попасть под копыта лошади. Для тяжело оснащенной лошади (Лоуренс пишет о лошади, снаряженной рыцарем-крестоносцем) продвижение по такой стране ограничено, и передвигаться можно только одним способом, гуськом – без всякой разведки и приготовления к неожиданностям. Поле, где происходила битва Хаттин, напоминает участок лавы, высохшей после извержения вулкана, или фотографию ледяных торосов где-нибудь в Арктическом море. Даже если вам в пути не будут препятствовать горы и реки, здесь достаточно холмов и долин с торчащими скалами, которые будут создавать трудности для передвижения.

Теперь о реках…Они тоже создают проблемы. Например, Иордан, который является серьезным препятствием на протяжении всей длины кроме трех мест. Одно - это брод возле Тивериадского озера (рядом с городом Тиверий), еще одно труднопроходимое -возле Иерихона (в центре Палестины). Самый удобное возле озера Гулех – это мост и брод через Иордан. Его охраняет крепость Гиср Бенат Якуб или, как его называли крестоносцы, Шатле».

После крепости Шатле Томас спустился вниз и двинулся по долине Иордана вдоль его левого берега по направлению к Генисаретскому озеру (Галлилейскому морю), в окрестностях которого разворачивались события, связанные с жизнью Иисуса Христа, где он обращался к жителям Галилеи с первыми проповедями.

Идя по дорогам через места, описанные в Библии, Томас испытал некоторое разочарование, оказалось, ландшафт Палестины так мало соответствовал пейзажу, который он ожидал увидеть.

«Было бы утешением, знать или понимать, что страна, открывавшаяся мне, была не такой во времена Нашего Господа. Ренессансные художники были правы, когда изображали Иисуса Христа и Его последователей, пировавшими в залах с колоннами, или, греющимися на солнце на мраморной лестнице: и сейчас каждый может найти здесь остатки изумительных римских дорог и домов, ведь Галилея была самой романизированной провинцией Палестины.

Страна была плотно заселена и хорошо снабжена водой из искусственных водоемов. Теперь заросли чертополоха тянутся на протяжении чуть ли ни двадцати миль позади Капернаума, а по дороге вокруг озера одни грязные бедуинские палатки с людьми, призывающими зайти к ним внутрь и побеседовать с ними, в то время как жалкие дворняжки кусают их за пятки. Палестина была приличной страной раньше, и могла бы довольно легко снова стать такой. Вскоре еврейские фермы изменят все к лучшему – их колонии представляют собой единственно светлые места в пустыне».

Я часто задумываюсь, осуществил бы Томас Лоуренс свое путешествие без поддержки простых людей Сирии, Ливана и Палестины, без радушного приема в их домах? Он пишет об этом с иронией, иногда с усмешкой, но всегда доброй, признательной. Могу подтвердить, и через сто лет после путешествия Лоуренса ничего не изменилось. Если вы спросите дорогу у кого-нибудь на улице, с вами обязательно поговорят, спросят, откуда вы, предложат выпить чашечку кофе или могут пригласить на обед. Несколько раз я ночевал в доме простых людей в Сирии и Ливане, был в гостях у шейха, в палатке бедуинов, в семье полицейского, в доме священника. Для каждого из них – гость, пусть и нежданный, превыше всего, не считая Бога. Правда, мое путешествие и путешествие Лоуренса Аравийского нельзя сопоставить. Я пользовался всеми благами цивилизации, передвигался, чаще всего, в машине, пешком – на небольшие расстояния. Лоуренс в самый разгар лета (температура на солнце за пятьдесят, в тени – за сорок) за три месяца прошел пешком более полторы тысячи километров, при ежедневном маршруте по пересеченной местности по двадцать пять – тридцать километров. Выдержать такое без полноценного отдыха невозможно.

Вот описание одного из ночлегов Лоуренса, если так можно выразится, усредненного ночлега, так как один от другого они мало чем отличались. Обычаи, менталитет и этика везде на Ближнем Востоке одного общечеловеческого уровня, во главе которого – доброе отношение к человеку, независимо от его веры.

«На ужин у меня были либо хлеб, либо «лебен» (арабский напиток из кислого молока, своего рода йогурт), или очень редко – молоко. Иногда я «приобщался» к сообществу национальной кухни и ел «бургул» - это блюдо представляло собой ростки пшеницы, сваренные в слабо кипящей воде. В зависимости от того, как и кем он был приготовлен, «бургул» мог быть сухим или довольно скользким. Никто не может съесть его много, поэтому необходимо, чтобы рядом была река, чтобы избавиться от него. Я верю, что есть и другие национальные блюда, но не среди местных крестьян в это время года…Здесь никто не пьет ничего, кроме воды, исключая кофе, который предназначается для гостей. Когда я вхожу в какой-либо дом, хозяин приветствует меня, и я его тоже, после чего он говорит что-то одной из своих женщин, и она приносит для меня вместо стула тощее одеяло, которое, не сомневаюсь, лежало, как подстилка у двери. Я сажусь на него на корточки, и тогда хозяин спрашивает меня четыре или пять раз подряд «Как мое здоровье?», и каждый раз я отвечаю ему – «Все в порядке». Затем приносят кофе, после чего следует много вопросов: является ли мой треножник для фотоаппарата револьвером, откуда я пришел и куда иду, почему пешком и один? А когда я раскладывал свой треножник, хозяин дома восторженно восклицал, цокая языком, и вся деревня сбегалась посмотреть на него. Тогда у меня спрашивали о моей жене и детях, как много у меня их? В этот момент мне реально было стыдно за мой возраст. Арабы в шестнадцать лет уже полностью взрослые мужчины, с усами и бородой, женатые, имеющие детей, и, вероятно, они уже прожили пару лет в Нью-Йорке, создав совместно достаточный капитал, чтобы позволить себе начать какое-то дело на родине. Они преимущественно определяют мой возраст пятнадцатью годами, и бывают изумлены, что я путешествую пешком и один. Признавая только один справедливый путь существования, и каждый боится его нарушить – путешествовать как можно меньше.

Однако, наступает время, когда женщины подготавливают мою вечернюю трапезу, принося одно их блюд, о котором я упоминал раньше. Затем они льют воду мне на руки из кувшина...и если они очень вежливые и воспитанные, предлагают омыть мне ноги. Следующая вещь - кровать, которая представляет собой почти такое же одеяло как то, на котором я сидел за ужином. Разница, может быть, в том, что оно валялось где-нибудь в доме, или, вне дома, на крыше или на веранде.

Лежать под такими одеялами слишком жарко для европейца, потому что они изготовлены из шерсти. Они, к тому же, полны перьев и блох (примерно в равном количестве), и я, находясь на такой «кровати», ощущал себя лежащим на двойной мине, все же надеясь на благополучный исход.

Все здесь ложатся рано после девяти вечера, и встают с рассветом (около 4.30). Утренние процедуры не занимают много времени, они состоят в том, чтобы причесаться, умыть лицо и руки водой из кувшина: затем перед дорогой - хлеб и простокваша. Иногда хозяева берут деньги за постой, иногда нет».

Нужно отметить, что Томас оставлял очень мало времени для отдыха. Он вставал с рассветом и обращался с просьбой о ночлеге на закате дня. Таким образом, на путешествие к югу от Бейрута с осмотром более десяти исторических крепостей и ряда библейских городов вокруг Галилейского (Тивериадского) озера, и возвращение назад у него ушло всего три недели.

Обойдя Тивериадское озеро с западной стороны, молодой исследователь посетил развалины крепости Бельвуар Передохнув, он отправился по древней дороге виа Эндор к библейскому Назарету, от которого было «рукой подать» до Средиземного моря. На берегу его внимание привлекла крепость Атлит, крестоносцы называли ее Шато де Пелерин (Замок паломников). Многие специалисты, в том числе и Томас Лоуренс, считали ее вершиной крепостного строительства крестоносцев в Иерусалимском королевстве.

«Особенности стиля тамплиеров, - писал Лоуренс в дипломной работе в Оксфорде, - будут понятны сразу, если взглянуть на план крепости Шато де Пелерин, считавшейся оплотом могущества ордена. Они разместили свое владение на узком мысе среди скал и песчаных отмелей, удивительным образом приспособив его для контроля и защиты средневековых дорог».

Вот описание крепости, оставленное средневековым хронистом Оливером Схоластиком.

«Мощный, широкий мыс, выступающий в море и защищенный скалами с севера, запада и юга. Две башни построены с фасада замка, камни их были такого размера, что один блок с трудом волочила пара волов. Между башнями выстроена высокая стена. На нее по внутренней лестнице с дивным мастерством могут подниматься и спускаться вооруженные всадники. Другая стена, находящаяся на некотором удалении от башен, тянется от берега до берега и закрывает источник горячей воды. Мыс окружен с тыла другой высокой стеной, доходящей до скал. Между южной стеной и морем струятся два источника пресной воды, вполне обеспечивающих нужды замка».

Сейчас замок находится в военной зоне, здесь проводят тренировки израильские коммандос. Поэтому туристы и путешественники могут любоваться им только издалека. Это был последний объект пристального внимания Томаса Лоуренса на юге Ливана Пройдя по берегу через города Тир и Сидон, он вернулся в Бейрут.

ПУТЕШЕСТВИЕ ПО КРЕПОСТЯМ И ЗАМКАМ ЛИВАНА. ЧАСТЬ ВТОРАЯ. СЕВЕРНЫЙ ЛИВАН

ПУТЬ НА СЕВЕР ЛИВАНА
КРЕПОСТЬ ГИБЕЛЕТ В ДЖЕБЕЙЛЕ

Короткое виртуальное путешествие по крепостям южной части Палестины закончено: наконец я возвращаюсь к своей долгожданной теме – крепостям и замкам Ливана. Как и Томас Лоуренс, буду двигаться по дороге Бейрут – Триполи, узкой лентой тянущейся вдоль побережья Средиземного моря. Сейчас это шоссе с качественным покрытием, и, если нет пробок, до Триполи можно домчать за полтора часа. Лоуренс прошел это расстояние за семь дней, мог и гораздо быстрее, т.к. между этими городами всего семьдесят километров – о причине его задержки еще расскажу

За сто долларов я нанял такси на один день. В мои планы входили поиски крепостей в трех городах: по следам Томаса Лоуренса. я должен был посетить Библос (современный Джебейль), Батрун и Энфе, потом доехать до Триполи, осмотреть крепость, найти гостиницу и отпустить машину, так как здесь мое путешествие по следам Томаса Лоуренса в Ливане заканчивалось.

Бейрут ранней весной

Мы выехали рано утром по авеню Шарля Хелу на восток от Центрального Бейрута Вскоре возле порта машина пересекла речушку Бейрут, и мы очутились в армянском районе Бурдж Хамуд. Водитель обратил мое внимание на то, что почти все вывески на магазинах были на армянском языке. Вскоре дорога повернула на север и километров через десять ушла в туннель, прорезанный в горном отроге Рас эль Кельб. Сразу за ним мостик через неширокую, но бурную речку Нахр эль Кельб, берущую свое начало высоко в горах, в римское время ее называли Собачьей рекой.

Место это знаменитое, здесь часто останавливаются машины. Оно интересно тем, что скала, из которой автострада вырывается наружу, испещрена надписями - самой древней из них несколько тысяч лет.

Надписи у Собачьей реки

Следующей достопримечательностью на моем пути стала гигантская статуя Христа с распростертыми к небу руками на небольшом холме по правую сторону от дороги. Она возвышалась над иезуитским монастырем Царя Христа. В главном соборе в это время шел ремонт, поэтому мне оставалось только полюбоваться величественным сооружением со стороны. Монастырь существовал еще во время путешествия Лоуренса Аравийского, но в поле зрения путешественника мог и не попасть, так как туннеля тогда еще не было, и путники обходили мыс Рас эль Кельб по дороге, пробитой в скалах в тридцати метрах выше.

Через два километра появились первые постройки города Джуния, который раскинулся на холмах вдоль моря почти на 10 километров. Здесь в бухте Джунии начинается старая дорога, которая также тянется вдоль моря вплоть до Триполи. По ее сторонам расположены многочисленные бары, яхт- клубы и гостиницы.

В начале 20 века новой автострады не было, и Томас Лоуренс не мог посетить три очень интересных объекта, мимо которых мы сейчас проезжали. Это грот Джейта, гора Харриса и грот Св. Георгия.

Грот Джейта находится в километре от Собачьей реки за поворотом направо. Он открыт в 1836 году, состоит из нескольких пещер и имеет одну из самых богатых в мире коллекций сталактитов и сталагмитов.

Гора Харриса, возвышающаяся над Джунией, по ливанским меркам невысока, всего 650 метров, но она привлекает своей святостью. Здесь размещено более 20 монастырей разных конфессий, а на вершине горы сооружен монумент Божьей Матери Ливана – главная достопримечательность Джунии. Высота статуи с постаментом около 30 метров, она установлена в 1907 году. От старой дороги к вершине Харрисы ведет

Божья Матерь Харисса. Снимок сделан ночью во время второго посещения Джунии

подвесная дорога, подъем на которой длиться около 10 минут.

Грот Св. Георгия находится в центре Джунии. Местные жители считают, что в этом месте Святой Георгий сражался с драконом. Грот представляет собой пещеру в скале на берегу небольшого пруда, рядом в скале высечены два небольших храма, посвященных Св. Георгию и Св. Деве Марии.

Парк возле грота Св. Георгия. Джуния

Для того, чтобы сэкономить время, я решил не заезжать ни в одно из этих интересных мест, и велел таксисту мчать во весь опор, благо, что после Джунии дорога несколько разгрузилась.

Да и ездить медленно здесь нельзя, редко какая машина на автостраде разгоняется меньше чем на 150 км в час. Итак, через двадцать минут мы въезжали в древний Библос (современный Джебейль) – туристическую Мекку Ливана. Центром города считалась крепость крестоносцев и небольшая площадь недалеко от нее.

Крепость крестоносцев в Джбейле. Снимок Романа Гинзбурга

После взятия крестоносцами Иерусалима в 1099 году часть войск под командованием графа Сен Жильского направилась к берегам Средиземного моря. Захватив порт Тортозу, Раймонд Сен Жильский обратил внимание на богатый город Триполи. Граф пытался привлечь в своих интересах любых латинян, прибывающих на Восток: торговцев, солдат, паломников и всевозможных искателей приключений. Он нанял большой генуэзский флот, стоящий на якоре в Латакии. Крестоносцы несколько дней испытывали на прочность стены Триполи, и убедились, что взять город штурмом не удастся. Тогда Раймонд привел войска к прибрежной крепости Джебейль. 18 февраля 1102 году город капитулировал перед его войсками. Вот что пишет по этому поводу арабский хронист Ибн аль-Каланиси:

«Они напали на нее, осадили и вошли внутрь, даровав горожанам жизнь. Но как только город оказался в их власти, они поступили коварно, и, не сдержав обещания защищать город, которое дали раньше, начали притеснять население, захватывать имущество и сокровища, наносить обиды и чинить расправы».

Вскоре Раймонд Сен-Жильский снова отправился завоевывать Триполи, а его сын Бертран передал город генуэзскому адмиралу Эмбриако, в знак признания заслуг генуэзцев.

Семья Эмбриако проявила себя эффективными правителями. Буквально за год была сооружены неприступная крепость, а на входе в гавань две охранные башни. Генуэзцы, умелые торговцы и мореплаватели, установила связи с другим заморскими территориями и добились полного процветания Библа.

В 1187 году потомок адмирала лорд Гульемо III Эмбриако попал в плен в битве при Хаттине, и был заключен в темницу в Дамаске. Салах ад-Дин с войском подступил к Джебейлю. Защитники чинили отпор, и Салах ад-Дин пошел на хитрость. Он привел под стены плененного лорда Эмбриако, и тот приказал гарнизону сдаться. Осажденные повиновались, и феодал был отпущен на свободу.

Салах ад-Дин властвовал здесь недолго: в 1190, услышав известие о начале III крестового похода, арабский полководец дал указание разрушить крепость, но главная башня была таким мощным сооружением, что устояла. В 1197 году замок был возвращен семье Эмбриако, и генуэзцы владели городом еще почти сто лет. Они значительно укрепили замок, восстановили крепостную стену, вырыли ров.

Сейчас это один из самых хорошо сохранившихся замков крестоносцев на ближнем Востоке, в плане он представляет собой квадрат, по углам которого построены четыре башни, пятая – возведена над главным входом в замок с северной стороны.

В центре возвышается мощный донжон с размерами 22 на 18 метров, он состоит из двух этажей. В его подземной части размещена цистерна для воды.

Лоуренс в дневнике отмечал, что она намного отличается от других крепостей крестоносцев, и на ее архитектуре в большей степени сказалось влияние византийского стиля строительства оборонительных сооружений.

С высоты донжона открывается прекрасный вид на древний Библос и порт, расположенный в ста метрах от замка. Вход в порт охраняли две средневековые башни. Сейчас со-

При строительстве крестоносцы использовали материалы из развалин древнего Библоса: обломки колонн, пилоны, мелкие детали.

хранилась одна из них. В конце 13 века владельцы замка затеяли войну с правителями Триполийского графства, которая для них плохо закончилась.

ТОМАС ЛОУРЕНС В ШКОЛЕ АМЕРИКАНСКОЙ МИССИ В ДЖЕБЕЙЛЕ

Вернемся к герою моего повествования Томасу Лоуренсу, по следам которого я отправился в путь. Во время первой части своих странствий Лоуренс преодолевал в среднем 20-22 мили в день, а однажды прошел 36 миль. Шестого августа он оставил Бейрут ради следующей части своего путешествия, и через неделю добрался до Триполи.

Неожиданно в дороге пришлось сбавить темпы. В Джебейле он посетил школу Американской миссии, где получил приглашение заведующей, мисс Холмс, погостить несколько дней.

«Мисс Холмс, - пишет Лоуренс, - была чрезвычайно расположена откармливать меня, и, так как у нее было много книг в отделанной мрамором гостиной и сад с небольшим бассейном и зелеными деревьями, я ощущал себя счастливым». Так что молодой человек задержался здесь на три дня.

Мнение Лоуренса о деятельности Американской миссии в Сирии изменилось со временем, но в 1909 году оно было положительным.

«Проводится много чудесной работы для всей Палестины. Они пресветорианцы и имеют самых замечательных людей на руководящих должностях. Они признали, что в настоящее время переориентация верований мусульман в Сирии невозможна, и по всей стране открыли школы, предназначенные для всех, независимо от веры. Инструкции даются на английском и включают очень много полезных вещей. Итак, английский становится языком общенационального общения в Сирии, и лет через десять ни в каком другом никто не будет нуждаться. Это влияет на процесс эмиграции в Америку, и я думаю, что нет такой деревни на Севере Сирии, в которой кто-нибудь из жителей не побывал в Америке (они не остаются там более чем на пять лет). Эти люди легче подходят к вопросу реформ и меньше конфликтуют с правительством, так что секретарь правительства Ливана (высокий турок) сказал мне: «недавние реформы в Константинополе (читай, революция) без сомнения внедряются в жизнь благодаря Американской миссии». У них такая образованная страна (не касаясь политиков), что общественное мнение совпадает с духом реформ. Они имеют сторонников по всей Сирии и Малой Азии, и в Константинополе (преимущественно наполовину поддерживающих), и для каждого религиозная сторона не имеет значения».

Естественно, Лоуренс не забывал и об основной цели своего путешествия. В перерывах между беседами на политические темы и чтением книг в библиотеке Американской миссии он изучал городскую крепость, построенную генуэзцами.

БАТРУН

Следующий город на моем пути Батрун. Лоуренс в дипломной работе во время учебы в Кембридже несколько раз упоминал крепость в Батруне. Сведений о том, что она сохранилась до наших дней хоть в каком-то качестве, не было, но я все же надеялся найти хотя бы несколько древних камней, доставшихся городу в наследство от ее стен.

Батрун городок небольшой, с богатым финикийским прошлым. Он упоминается в архивах египетских фараонов в Тель аль-Амарне. В античной истории известен как Ботрис, а в средние века как Бутрон, вассальная синьория Триполийского графства.

Въезд в город Батрун

Двадцать километров от Джебейля пролетели как одно мгновение. У въезда в город памятник финикийским мореплавателям в виде корабля финикийской эпохи. Расправив паруса он летит в неизведанные дали. Могу подтвердить, это не какая-нибудь бутафорская имитация, а точная копия судна того времени, выполненная по древним чертежам. Я долго бродил по городу, обошел его вдоль и поперек: следов крепости нигде не было. Но все же удалось найти кое-что интересное, и даже очень интересное. Похоже, я отгадал загадку, куда исчезли крепость, и башня, которую видел Томас Лоуренс.

В хрониках Батруна мне удалось найти ссылку на то, что ее разрушило несколько сильных землетрясений, но, на мой взгляд, в ее исчезновении виноваты, прежде всего, жители города.

Разгуливая по узким улочкам, я обратил внимание, что большинство домов Батруна выстроено из древних камней. То, что местные жители в разных странах используют для построек памятники древних цивилизаций, известно давно, и касается это не только региона ближнего Востока. Я бы сказал, что его это касается даже в меньшей степени.

Яркий пример тому Рим, в котором большинство строительных материалов для дворцов, вилл и церквей взято из храмов и дворцов античного времени, которые варварски разрушались христианским населением.

Что касается Батруна, это, на мой взгляд, и не самое варварское отношение к древностям на ближнем Востоке. Просто в больших городах это не так бросается в глаза, а Батрун – городок маленький.

Здесь все на виду: и дома, и люди. Присутствие чужеземца бросается в глаза сразу. У ливанцев очень доброе отношение к приезжим, они часто предлагают выпить чашечку кофе абсолютно незнакомым людям.

Не обошли вниманием и меня. Пока я ожидал ключи, чтобы войти в церковь Святого Георгия, ливанская матрона открыла окно рядом стоящего дома, и предложила освежиться ароматным напитком.

Ливанская матрона по имени Ханна

Батрун – крупный центр маронитов. Здесь находится резиденция епископа целого округа и большое количество маронитских церквей. Я не преминул посетить местного епископа с кратким визитом, и подарил ему свою первую книгу о Ливане.

У епископа была в гостях группа монашек из какого-то монастыря, но он все равно уделил мне несколько минут, посоветовал сходить в городской собор маронитов в честь святого Стефана. Я внял его совету – собор находился на площади напротив порта. Величественное сооружение. Особенно для того небольшого городка.

В эту поездку религиозная тематика занимала меня в меньшей степени, я искал следы древностей, и моя настойчивость была щедро вознаграждена.

Маленький античный театр во дворе фотографа

Первая удивительная находка, это миниатюрный театр античного времени. Представляете мое удивление и восхищение, когда по наводке местного аптекаря, к которому мы зашли за бутылкой «содовой», я завернул за угол и во дворе местного фотографа увидел дивное творение рук человеческих. Сразу напротив калитки открывался вид на чудесный ухоженный сад с цветочными клумбами, в конце которого полукруглым амфитеатром поднимались сидения античного театра. По добротному двухэтажному дому было заметно, что это уважаемый человек в городе, а то, что он не пожадничал и отдал свой двор государству, говорило о том, что он человек добрый и бескорыстный.

Возле «морской стены»

Второй очень важной находкой – были остатки оградительной стены, вырубленной в массиве прибрежных скал. Ученые во весь голос заявляют, что эта работа проделана еще финикийскими камнетесами для защиты берега от волн. Судя по всему, рядом находился финикийский порт. Море здесь до сих пор кишит рыбой, о чем говорит присутствие рыбацких лодок на берегу за небольшим мысом. Какой-то предприимчивый чудак соорудил слева от стены небольшую извилистую эстакаду, которая от берега вела в море и оканчивалась площадкой с будкой, видимо, кафе для любителей обозревать морские просторы.

Я присел на один из стульев и долго любовался, как волны бьются о край финикийской стены. Впрочем, о том, что она «финикийская» уже позабылось. Местные жители на французский манер называют ее Mur de Mer («морская стена»), и считают, что ее воздвигли крестоносцы для защиты города от нападения с моря.

Длина стены 120 метров, средняя высота 1,80. Она действительно хорошо защищает прибрежную зону от моря. Выдаваясь вглубь морской стихии метров на двадцать, стена отвоевала у моря изрядную территорию.

Морская церковь

Выше над обрывом расположена Морская церковь, весьма оригинальной конструкции. Она обращена к морю одной стороной, состоящей из нескольких арок восточного типа, продуваемых всеми ветрами. На террасе стояло несколько пластиковых стульев, я сел на один из них и долго любовался морем, стеной и волнами, поднимавшими фонтаны брызг. Внизу на отвоеванной у моря территории местные каменщики лепили из рыжего ракушняка какие-то сооружения, стилизованные под средневековье. Время приближалось к полудню. Нужно было ехать дальше. Впереди меня ожидала таинственная крепость Мусейлиха, о которой Лоуренс упоминал в своих записках.

КРЕПОСТЬ МУСЕЙЛИХА

Она показалась неожиданно с правой стороны от автострады на четвертом километре от Батруна. Солнечные лучи били прямо в глаза и крепость, и одинокая скала, на которой она стояла, сливались в огромную каменную массу. Свернув с шоссе, мы увидели, что возле нее молодые ливанцы устроили танцы

Танец молодых ливанцев возле Мусейлихи

Это было прекрасное зрелище! Молодость. Танцы. И древняя крепость на скале в солнечных лучах Мы как будто попали в сказку!

Дорогу нам преграждал бурный поток – это река Нахр эль Джавз несла с гор свои мутные воды. Через реку был перекинут одно арочный древний мост. За ним метрах в сорока возвышалась скала, а на ней – величаво несла свои стены крепость Мусейлиха.

Во многих источниках она фигурирует как крепость Батруна, но это крайне ошибочное мнение. Происхождение и создание крепости, время в которое она построена, покрыты мраком тайны. Большинство ученых и историков сходится на начале 17 века - времени, когда Ливаном правил Фахруддин II аль Мани.

Об этом говорит, как ряд устных свидетельств, например, рассказ путешественника, так и исследование учеными материалов, из которых построена крепость. Лоуренс пишет, что она находилась в руках какого-то разбойника по имени Митвани. Больше никто из ученых не указывает никаких имен.

Есть мнение, что первыми строителями защитного сооружения на скале были финикийцы. Я тоже склонен полагать, что они вряд ли могли упустить такую возможность - использовать подаренную природой возможность установить здесь хотя бы наблюдательный пост. Ведь с середины II тысячелетия на землю Ливана стали осуществлять набеги грозные соседи арамейские и ассирийские цари.

То, что здесь было сооружение во время крестовых походов, тоже не вызывает сомнения. Есть вероятность, что ему предшествовала какая-то арабская сторожевая база. Ведь скала и военный объект на ней позволяли осуществлять контроль над дорогой Бейрут – Триполи, и уж конкретно защищать подход к городу Батрун.

В том, что не осталось свидетельств о более ранних сроках использования, нет ничего странного. Само расположение крепости в неудобном, труднодоступном месте, не дает возможности строителям провести реконструкцию ранних построек.

Нам известно, что многие крепости крестоносцев были построены на основе арабских или византийских крепостей, но это происходило тогда, когда было пространство для «строительного маневра». В нашем же случае ширина скалы – 20 метров – не дает такой возможности. Проще было снести все ветхое и построить заново. То, что было скинуто со скалы вниз, за 400 лет уже успели подобрать жители окрестных деревень.

Прерву свои рассуждения, чтобы дополнить их сведениями о крепости Мусейлиха, добытыми из разных источников в мировой паутине.

ФОРТ МСЕЙЛА. (КРЕПОСТЬ МУСЕЙЛИХА)

Мсейла, известный также под французским названием «Твердыня коннетебля» (Puy du Connetable), в его современном виде основан эмиром Фахр ад-Дином в 17 веке. Крепость возвышается над долиной реки Нахр эль-Яуз. Ее стены выложены из небольших блоков песчаника, который добывается на близлежащем побережье. Толщина стен колеблется от 1,5 до 2-х метров. Крепость весьма миниатюрна, имеет размеры 40х10 метров.

Архитектурный проект форта состоит из двух одинаковых частей, построенных в два отдельных этапа. Вход в форт осуществляется по небольшой узкой каменной лестнице, ведущей вверх по северному склону скалы. Небольшая платформа предшествует низким арочным главным воротам, охраняемым двумя бойницами и небольшим отверстием в потолке над входом для выливания кипящего масла на атакующих. Главные ворота приводят в сводчатый вестибюль, а затем в узкий треугольный двор, дающие доступ к небольшому, около метра шириной, проходу, ведущему в комнату для лучников в западной башне. На южной стороне двора возведены два сводчатых зала, а также большие подземные арочные залы, в которых размещались склады и цистерны для воды. Там же расположено небольшое помещение, использовавшееся стражниками для молитв. В верхнюю часть форта зал и три небольших помещения. Они приводят к восточной башне – это самая укрепленная часть крепости, обращенная к долине, и, предназначенная для охраны прохода по ней.

После обрушения мыса Ras ech-Chaqa (также известного как Theoprospon) в 551 году в результате землетрясения, прибрежная дорога, соединяющая Батрун и Триполи, полностью исчезла, превратив северную береговую линию в сплошную морскую скалу.

Следовательно, новая дорога в обход мыса с востока была крайне необходима и важна, как с военной, стратегической цели, так и для обычного передвижения. Еще крестоносцы заметили, что несколько человек могут оборонять проход в скальном массиве Ras Shekka именно в этом месте, и построили форт в 1106 году, который получил название Puy du Connetable, Puy Guillame или Passe Saint-Guillame. Это название связано с конетеблем (командующим войсками) графства Триполи, по-видимому, речь шла о Жюльеме де Фарабеле.

История крепости не обойдена вниманием историков, однако, до конца не разгадана. Большинство сходится на мысли, что скала, на которой стоит форт, использовалась в качестве военного поста с древнейших времен. Правда, материальных подтверждений этому нет, есть только сведения из эпохи крестовых походов. Работы нескольких видных историков и ученых подтверждают возраст форта не более четыреста лет.

Французский историк XIX века Эрнест Ренан не смог обнаружить соответствие архитектурных элементов более раннему периоду. Поль Дешан, известный исследователь крепостей эпохи крестовых походов, подтвердил отсутствие каких либо элементов исследуемой им эпохи. Французский путешественник 18 века Жан-де-ла Роке сообщает, что узнал от местных жителей, что Мсейли была построена эмиром Фахр ад-Дином. Это свидетельство он получил всего через 50 лет после смерти эмира от очевидцев строительства форта. Эти сведения подтверждаются местными хрониками. Например маронитский пастор Мансур аль-Хаттуни сообщал, что около 1624 года эмир приказал шейху Аби Надеру аль-Хазену построить форт к северу от Батруна. Согласно другому историку Таннуз аш-Шидах, аль-Хазен ремонтировал построенный форт в 1631 году.

Из истории крестовых походов известно, что форт Мсейла под именем «*Puy du Connetable*» был передан графом Бертраном де Сент-Жилем генуэзскому роду Эмбриако.

В 2007 году в Мсейле были проведены реставрационные работы, целью которых было обезопасить форт для посещения посетителями. Была укреплена лестница и установлены металлические перила, произведен ремонт помещений, входов, ворот, проведены водопровод и канализация. Так что к моему прибытию в крепость через пять лет после реставрации, она представала в полной красе, являясь жемчужиной туристических маршрутов по Ливану.

Крепость Мусейлиха. /Она же форт Мсейла/

ЭНФЕ – ГОРОД ПРИЗРАКОВ

На морском берегу в 6 км от Батруна находится город Энфе (во времена крестоносцев он назывался Непин). Пусть простят меня его жители, но не хотел бы я здесь жить. Пыльные улицы, серые невзрачные домишки, всеобщее запустение и никакого намека на древности. Но самое главное заключалось в другом: в городе не видно было людей, он казался заброшенным и абсолютно вымершим. Позже я узнал истинную причину запустения города. С начал двадцатого века он больше других городов Ливана подвергся эмиграционным процессам. Есть такая поговорка. Поговори с переселенцами с Востока где-нибудь в Австралии или Новой Зеландии, и обязательно встретишь среди них бывшего жителя Энфе. Эти процессы продолжаются и сейчас. Десятки жителей Энфе переезжают на жительство в Америку и другие страны, многие семьи готовят документы и стоят на очереди. Около трети домов в городе стоят покинутыми, в летний период некоторые из них обживаются приезжими, желающими отдохнуть у моря.

Если бы сто лет назад Лоуренс не нашел здесь развалины замка крестоносцев, моей ноги здесь не было бы. Не хотелось оставаться в Энфе ни минуты. Самый захудалый городишко из всех увиденных мною на ливанской земле.

Мы ездили уже не в поисках крепости, а в поисках каких либо признаков жизни. Ни кафе, ни ресторанов, ни булочных, ни просто магазинов не встречалось на нашем пути. Иногда, словно призраки, возникали фигуры одиноких прохожих, почему-то спешивших повернуть за угол, прежде, чем мы успевали открыть рот.

Прошло с полчаса. Сколько мой водитель не спрашивал у «призраков» о развалинах старой крепости (калааат, по арабски), мы не услышали ни одного вразумительного ответа. Решили испробовать другую методику опросов.

Мне было известно, что в городе со времени крестовых

походов сохранилось две церкви. Думаю, произошло это потому, что население городка преимущественно христианского вероисповедания.

- Давай сначала найдем древние церкви, - попросил шофера, - а потом как бог даст!

Мой план сработал, но не сразу. На пустынных улицах только ветер гулял, да редкие бездомные собаки.

Несколько раз попадалась местная детвора, видимо в школе закончились занятия. Один из опрашиваемых и указал нам верный путь – ехать по направлению к морю.

Церковь Святой Екатерины. Построена крестоносцами в 12 веке.

Увидев церковь святой Екатерины, я сразу полюбил Энфе! Не очень большая, но и не маленькая, она гордо стояла на берегу небольшого залива, придавая рядом стоящим домам некую значительность, но не по причине какого-то соответствия или сочетания с архитектурой древнего храма, а просто как постоянным свидетелям прекрасного. Так, к нам иногда приходит обожание греков и итальянцев за то, что они обладают мировыми сокровищами античного или эллинистического времени, хотя мы прекрасно понимаем – современные греки и итальянцы не имеют к ним никакого отношения и в большей степени даже к ним безразличны.

От церкви к морю вела широкая терраса, выложенная широкой плиткой красивого кремового цвета с неброским, но очень симпатичным орнаментом. При ближайшем рассмотрении, я определил ее не как террасу, а как небольшую площадь. Думаю, это было самое красивое и ухоженное место в городе, и в дни больших праздников на ней, наверное, собирались верующие христиане. Площадь резко оканчивалась на песке в двух метрах от моря. Белые буруны волн накатывали один за одним, как бы нашептывая молитву, вечную и нескончаемую. Зрелище было необычайно красивым, величественным и настраивало на философский лад.

Церковь Божья Матерь Ветровая. На арабском - Сейидат ар - Рих

Где-то рядом находилась еще одна церковь с очень редким названием в честь Матери Божьей Ветровой, тоже ровесницы Крестовых походов. Ориентиром для поисков служило древнее христианское кладбище, к которому мы вышли, пройдя пару извилистых переулков. Оно тоже расположилось у моря, что согласитесь, необычно для кладбища.

Церковь находилась в двух шагах от входной калитки. Она представляла собой продолговатое прямоугольное строение небольших размеров, сложенное из древних, почерневших от времени, камней. Таких церквушек, построенных крестоносцами наспех без всяких украшений и архитектурных изысков, я видел в Ливане немало.

Дул ветерок. Значит, церковь оправдывала свое название, подумал я. А иначе и быть не могло, потому что кладбище находилось в самом начале узкого и длинного мыса, со всех сторон обвеваемого ветрами.

И тут меня осенило. Наверняка, замок Нефин находится на этом мысе. Это самое удобное и безопасное место, которое было бы намного легче защитить, чем, если бы замок находился в городской черте.

Мыс выдвигался длинным языком в море (потому город назывался Энфех, по-арабски «язык») на восток метров на пятьсот. Самое узкое место «языка» - семьдесят метров – было в самом начале мыса, далее он расширялся, и его ширина доходила до ста метров, а потом снова сужался до острого окончания.

Мы молча ехали по извилистой грунтовой дороге, петлявшей среди остроконечных скал и песчаных насыпей, пока не уткнулись в сплошной скалистый массив, путь по которому можно было продолжать по узкой тропинке. Она шла с небольшим уклоном вверх, и так же неожиданно прервалась, как и появилась, обрываясь вниз почти вертикальной стеной. То, что я увидел внизу, удивило. В скале был выдолблен искусственный ров, шириной метров двадцать, он пересекал мыс навылет от края и до края, длина его была около ста метров, глубина – метров семь – восемь. В самом центре была оставлена каменная игла.

«Для опоры перекидного моста», - догадался я. Точно такая конструкция была в замке Саон возле Латакии в Сирии.

В уме прикинул объем скалы, который пришлось вытесать камнетесам. Получилось примерно четырнадцать – шестнадцать тысяч кубических метров скальной породы. Солидный кусок работы , на который по самым скромным подсчетам могло уйти около года. Было естественно предположить, что все это было распилено на блоки разной величины, из которых строители сооружали оборонительные стены и башни. Уже позже, вернувшись домой, я прочитал у одного путешественника, проходившего здесь в 1282 году, что башен было двенадцать.

Поскольку глубин рва была размером с двухэтажный дом, спускаться вниз по отвесной, почти вертикальной, стене я не рискнул. Пришлось идти вдоль рва к его окончанию к морю и там спускаться к срезу воды, и по камням выбираться на дно рва. Сделать это было нетрудно, дно было чуть ниже моря и было огорожено отводы каменным бруствером. С учетом того, что за семьсот лет море значительно обмелело, выходило, что ров заполнялся морской водой. Это означало, что замок был неприступной крепостью, практически находившейся на искусственном острове.

Точно таким же образом, только действуя в обратной последовательности, я взобрался на противоположную сторону рва. Я пробирался среди скал и обломков, как астронавт по поверхности луны. По всему было видно, что когда-то на этом пространстве шла активная жизнь. Мне попадались участки мозаичных полов, ванны-давильни для оливкового масла и винограда, небольшие бассейны для хранения воды, обломки каменных конструкций.

На скалистом обрыве с западной стороны мыса я обнаружил развалины башни, высотой с три метра, с восточной стороны виднелась небольшая бухта, известная, как я узнал позже, еще с финикийских времен. Бароны-владельцы имели свой флот, и, именно отсюда последний из них бежал на Кипр, спасаясь от расправы своего сюзерена князя Антиохийского и графа Триполийского Боэмунда IV. Отсюда лорды Нефина осуществляли карательные набеги на непослушных соседей, поскольку являлись «сторожевыми псами» Триполийского графства. Но об этом я узнал уже позднее, копаясь в средневековых архивах после возвращения домой.

История о баронах-разбойниках из замка Нефин

В 1151 году Рейнуард де Рейнуард, лорд Тортозы, с согласия графа Триполи Раймонда II даровал свою собственность в городе ордену госпитальеров, что было заверено присутствовавшими при этом маршалом и коннетеблем Триполи, Guillemus de Lulen и Amaudus de Crest и другими лицами. Вероятно, это было связано с тем, что граф передавал Рейнуарду в собственность замок Нефин, и уже в документах 1163 года тот именовался Рейнуардом лордом Нефина, а в историю вошел как Рейнуард I, основатель династии лордов Нефина. Новый лорд Нефина был одним из самых преданных и влиятельных вассалов Триполийского графства. В хронике Вильяма из Тира сообщается, что в 1171 году Рейнуард находился среди посланников графа Раймонда III в Константинополе на переговорах с византийским императором. В дальнейшем, Триполийское графство использовало баронов Нефина как своего рода полицейскую структуру для устрашения непокорных или для сведения счетов в спорных вопросах и благополучие графства во многом зависело от их действий. Не смущало графов Триполи и то, что их вассалы из Нефина часто переходили к открытым грабежам. В хрониках того времени отмечено, что после падения Иерусалима жители города заплатили выкуп Салах ад-Дину за свои жизни и были выпущены им на свободу: богатые на лошадях быстро достигли Тира и Триполи, а бедные продолжали путь пешком со своим скарбом и были ограблены лордом Нефина Рейнуардом I. Вильям из Тира пишет: «Рено сеньор Нефина напал на беженцев из Иерусалима в 1187 году, но был наказан за свои темные дела позже, когда его потомки потеряли контроль над своими владениями». Нужно отметить, что и сюзерен Рейнуарда Раймонд

IV мало отличался от своего вассала моральными качествами. Ворота Триполи были закрыты для простых беженцев, их открыли через несколько часов, чтобы выпустить конницу. Она окончательно обобрала несчастных, которым мусульмане снисходительно оставили их имущество. Те, кто пытался сопротивляться, были убиты, и лишь жалкая колонна бедняков дошла до земель Антиохийского княжества, где наконец-то нашла приют. Возмездие за неправедные дела, о котором писал хронист Вильям Тирский, пришло лишь в третьем поколении Рейнуардов, и то по другому поводу.

Вильям Тирский пишет: «Рейнуард сеньор Нефина воевал с князем Антиохии Боэмундом IV после того, как женился без согласия князя, Боэмунд конфисковал замок Нефин, после чего Рейнуард бежал на Кипр, где вскоре умер».

В принципе, вопрос стоял не в том, с согласия или без согласия. Рейнуард женился на наследнице лорда замка Аккар, следовательно, после смерти лорда вступал во владение этой крепостью к северу от Триполи. Боэмунд приказал Рейнуарду явиться в Триполи и дать объяснения, но тот не явился. Тогда Боэмунд объявил войну своему вассалу и атаковал замок Нефин. Рейнуард ответил набегом на Триполи. Дерзость Рейнуарда раззадорила князя Антиохи, он вступил в союз с зятем Рейнуарда лордом Бейрута д'Ибелином, генуэзцами и лордом Гибилета Эммбриако. С их помощью он захватил замок Нефин и в придачу Аккар, крепость которой владел тесть Рейнуарда. Так что, события в Триполийском графстве в 13 веке представляли собой не что иное, как «разборки» между баронами в борьбе за собственность. Это ослабляло силы крестоносцев перед угрозой вторжения мусульман, что и ускорило процесс изгнания рыцарей с захваченных территорий.

Томас Лоуренс не оставил комментариев о замке Нефин в своих дневниках, а только план развалин и фотографию, на которой видно, как он лазит по гребню скалы возле рва. Возможно, он спешил попасть в Триполи, чтобы увидеть крепость крестоносцев Сент-Жиль. Ему оставалось пройти около десяти километров.

ТРИПОЛИ

Наверное, Триполи самый арабский и наименее европеизированный город Ливана с прочными мусульманскими традициями. Так сложилось исторически, что в 7 веке его население практически обновилось, и он фактически начал существовать заново. Но об этом позже, а сейчас моя машина петляла по улицам старого города: я попросил водителя остановиться возле какого-нибудь отеля поближе к крепости. Готовясь к поездке, я прочитал, что передвигаться по Триполи очень тяжело, планировка в городе хаотичная, особенно вблизи крепости. Здесь почти нетронутым сохранился район, застроенный в мамлюкский период. Узкие улочки, плохие дороги, грязь, мусор – вот моё впечатление о северной столице Ливана, богатейшем городе арабского Средневековья.

Крепость крестоносцев Сен Жиль или Мон Пелерин, построенная графом Раймундом Четвертым Сен-Жильским, стала новым центром города, который стал выстраиваться вокруг нее.

Крепость в длину занимает 140 метров, полный снимок можно сделать только с вертолета. Поэтому на моей фотографии можно увидеть только кусочек стены.

ТРИПОЛИ ДО ПРИХОДА КРЕСТОНОСЦЕВ

Первые поселения на месте Триполи относятся к бронзовому веку. В 9 – 8 веках до нашей эры в районе нынешнего порта возникают торговые поселения, основанные финикийцами из Сидона, Тира и Арвада.

В IV веке до н.э. эти три города государства создают нечто вроде федерации с центром в Триполи (тогда известного под именем Асар) и провозглашают независимость от Персии. Свое нынешнее название – Триполис, что означает «тройной город», т.е., созданный из трех поселений (в арабском произношении Тараблюс) город получил эллинистическую эпоху.

Триполи начинает процветать благодаря выгодному положению и активной торговле. При Селевкидах он получает автономию, которая сохраняется при римлянах. Город стремительно развивается, но в 551 году он получает страшные разрушения от землетрясения. Тем не менее, к приходу арабов в 635 году он снова хорошо укреплен. Большая часть населения покинула Триполи на кораблях византийцев, и будущий основатель династии Омейядов полководец Муавия поселил в городе большую еврейскую колонию.

Через 50 лет византийцы отвоевали Триполи, их власть продолжалась недолго (с 685 по 705 г.) и скоро они потеряли ее, уже навсегда. К концу 10 века во время заката Аббасидского халифата, город попадает под власть египетской шиитской династии Фатимидов, которая владеет им до 1069 года, когда местный правитель Амин ад-Дауля ибн Аммар провозглашает свою независимость.

К этому времени Триполи становится богатейшим городом, известным своими караван-сараями, садами, мечетями, а также школой Дар аль-Ильм (Дом знания) с библиотекой в 100 тысяч томов.

ОСАДА ТРИПОЛИ

После взятия европейскими рыцарями Иерусалима в 1099 году на Ближнем Востоке обосновалось три государства: Иерусалимское королевство, Антиохийское и Эдесское княжества, которые возглавили руководители Первого крестового похода. Не удел оставался только Раймунд IV граф Тулузский и Сент-Жильский.

Раймунд IV (VI) Тулузский, также был известен как Раймунд Сен-Жильский, по названию его родного города Сен-Жиль около Нима (около 1042 - 22 июня 1105) - граф Тулузы с 1094 года, маркиз Прованса и герцог Нарбонны. Один из главных участников 1-го крестового похода. Сын Понса Тулузского и Альмодис де ла Марш.

После взятия Иерусалима он возглавил поход на турок Анатолии, но, потерпев ряд неудач, вернулся в Сирию, и захватил город Тортозу, сделав ее своей базой. Главной же задачей, которую он поставил перед собой, была захват Триполи.

Об этом пишет арабский хронист Ибн аль-Каланиси: «Фахр аль-Мольк ибн Аммар, правитель Триполи, направил нам послание, в нем он просил помощи в борьбе против графа Сент-Жильского, осаждавшего Триполи с франкской армией, и обращался к нам с настойчивой просьбой прислать ему в поддержку войска Дамаска; сия просьба была удовлетворена, и армия направилас в его земли. Он обратился с призывом к эмиру Хомса, который тоже пришел со своей армией. Эти великие числом армии собрались вместе и направились к Тортозе. Франки бросились на них, армии приблизились и сошлись в битве. Мусульманские войска были разбиты и потеряли множество людей».

Захватить такой крупный и богатый город как Триполи было трудно, поэтому Раймунд решил взять город в осаду. Для этого на холме в трех километрах от города граф стал возводить крепость. Европейские хронисты пишут, что делал он это самостоятельно с помощью многочисленных паломников, поэтому место, где она возводилась, получило название Мон Пелерин (Гора паломников).

Где историческая правда, трудно сказать. Во всяком случае, византийской писательница, дочь императора Алексия Анна Комнина, в книге «Алексиада» приводит другие сведения:

Когда граф Сен-Жильский приехал, он поднялся в горы и занял вершину холма напротив Триполи, чтобы использовать его как укрепление и перекрыть реку, что текла по его склону в город. После этого он сообщил о своих деяниях василевсу и попросил его возвести могучую цитадель. Василевс поручил строительство дуке Кипрскому, велел ему без промедления отправить по морю все необходимые материалы и строителей, которым было приказано возвести крепость в том месте, где укажет граф Сен-Жильский»

Когда крепость была построена, Раймунд стал контролировать все пути по суше. Осада длилась уже почти два года, а город и не думал сдаваться. Дело было в том, что Триполи на тот момент был богатейшим городом Ближнего Востока. Запасы золота и драгоценностей позволяли горожанам наладить подвоз продовольствия по морю. Однако, осажденные не только стойко оборонялись, но и часто сами переходили в контрнаступление. Главной их задачей было разрушить злосчастную крепость, и двенадцатого сентября 1104 года они чуть было не выполнили ее.

«Из Триполи пришла весть, - пишет Ибн аль-Каланиси, - что Фахр аль-Мольк Ибн Аммар вы-

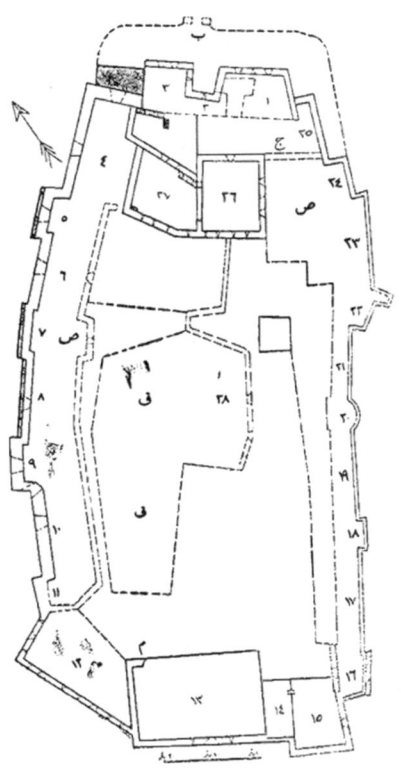

План крепости Сент-Жиль (Мон Перелин)

ступил с войсками и горожанами, и двинулись на крепость; их нападение застало защитников крепости врасплох; они принялись убивать их, отдали крепость на разграбление, сея повсюду разрушение и пожар, и, захватив великое множество оружия, денег, драгоценных камней и серебра, вернулись в Триполи целыми и невредимыми, принеся богатую добычу».

Во время отражения атаки осажденных граф Раймунд был тяжело ранен. То ли недомогание повлияло на графа, то ли успехи горожан, но он был вынужден изменить тактику. Оба лагеря, осажденные и атакующие, договорились о перемирии. Стороны договорились, что франки сохранят за собой все захваченные земли, но будут пускать в город путешественников и купцов, и дадут возможность подвозить продовольствие.

Уступка оказалось временной, и действовала меньше года. 22 июня 1105 года Раймунд Сен_Жильский умер. Его преемник и ближайший родственник Гильом Иордан, граф Седанский решил возобновить военные действия. Но все-таки, пусть и незначительная, передышка позволила правителю Триполи обеспечить торговлю и денежные поступления, что позволило осажденному городу увеличить запасы продовольствия и выплатить жалованье гарнизону.

Осада Триполи растянулась на восемь лет с 1102 по 1109 годы. И стала самой тяжелой для крестоносцев за все время сражений на Святой Земле. Поэтому я посвятило ей столько места в своем рассказе.

Ситуация осложнилась соперничеством между Гильомом Иорданом, племянником графа Раймунда Сен-Жильского и его сыном Бертраном, прибывшим с флотилией и большим войском из Франции в 1108 году.

В начале 1109 под стенами Триполи собралась объединенная армия крестоносцев, в которую вошли силы короля Балдуина 1 Иерусалимского, Балдуина 2 Эдесского, Танкреда Тарентского, Гильома Иордана и Бертрана.

Город пал 12 июля 1109 года. Во время сражения Гильом Иордан погиб. На совете крестоносцев было решено создать графство Триполийское во главе со старшим сыном Раймонда 4 Бертраном.

Город был разграблен крестоносцами, жители были изгнаны. Часть обращена в рабство, а все 100 тысяч томов знаменитой библиотеки Дар – эм – Ильм, о которой я упоминал в начале главы, были признаны нечестивой литературой и сожжены.

На этой печальной ноте я заканчиваю книгу об изучении Томасом Лоуренсом крепостей Ливана. Обойдя все постройки крепости Мон-Пелерин, и зарисовав ее план, он практически сразу двинулся в путь, чтобы познакомиться с крепостными сооружениями в Сирии.

Через некоторое время я отправился туда же, с целью посетить те же места. Своими впечатлениями тоже поделился с читателями в своем новом труде «По следам Лоуренса Аравийского. Книга Вторая. Сирия».

ВМЕСТО ПОСЛЕСЛОВИЯ

ВАРВАРСТВО КРЕСТОНОСЦЕВ ПОВТОРИЛОСЬ ЧЕРЕЗ 800 ЛЕТ

Рождественское утро выдалось грустным. Не потому, что думал о вечных ценностях, о трудном пути Христа, что кажется вполне естественным в такой день. Потрясла новость. Накануне Рождества (5 января) в Триполи - северной «столице» Ливана - радикальные исламисты сожгли христианскую библиотеку «Аль Са'ех», расположенную в центре города в христианском квартале.

Более сорока лет ее собирал священник Греческой Православной Церкви Ливана Ибраглим Суруж. В библиотеке было 78 тысяч книг, многие имели большую историческую ценность. Это - вторая по величине библиотека Ливана. Напрашивается аналогия с уничтожением крестоносцами библиотеки «Дар -эм -Ильм» в Триполи в 1209 году принялись за книги. Но «рукописи не горят». Треть книг удалось спасти. Волонтеры помогают восстановить здание и библиотеку, собирают деньги. Весь христианский мир утешает священника Ибрагима. Это большое горе. Каждая книга была для него как любимый ребенок.

БИБЛИОГРАФИЯ

T. E. Lawrence. Crusader Castles. Edited by Denys Pringle. Oxford University press. 2004

H. Kennedy. Crusader castles. Cambridge University press. 2008

Т.Э. Лоуренс. Письма. www.telawrence.com

Гийом Тирский. История деяний в заморских землях. www.global-folio.net

Ибн аль Каланиси. История Дамаска

Ибн аль-Азир. Полный свод всеобщей истории

Б. Лиддел Гарт. Лоуренс Аравийский

К. Хилленбрад. Крестовые походы. Взгляд с Востока. Москва - Санкт Петербург. Диля. 2008

Ж. Мишо. История крестовых походов в документах и материалах. Одесса. Студия Негоциант 2004

Вассерман. Тамплиеры и ассасины.
Санкт – Петербург. Евразия. 2007/ www. telawrence.nfo 2008

Анна Комнина Алексиада Электронная библиотека

Михаил Сириец. Хроника. Восточная литература

P. Deshamps. Les Chateaux des Croises en Terre Sainte. 1934

J. Wilson/ The Authorised Biography Chapter 3 First Steeps in the East. www.telawrence.info/ 2008

ОБ АВТОРЕ

Александр Юрченко, писатель, журналист, путешественник живет в Украине в Киеве, закончил политехнический университет, но большую часть жизни занимается исследовательской исторической и литературной деятельностью.

Еще в молодости будущего писателя заинтересовал вопрос развития человечества. Этот интерес побудил к путешествиям по Сирии и Ливану, на территории которых развивались древние цивилизации. Потом были поездки в Грецию и Италию, ставшие колыбелью европейской культуры.

Путешествия вдохновили Александра на занятия литературной и журналистикой. Он более 20 лет проработал в газетах в Одессе и Киеве, где оттачивался его литературный стиль.

Для Александра Юрченко характерны психологизм, тщательная выписка характеров, точное соблюдение исторических фактов, многообразие литературных средств и приемов, которые включает в себя приключенческий, художественно-исторический, религиозный и детективный жанры.

Всего Александром написано 10 книг, четыре из них напечатаны в Украине, остальные ждут своего издателя. В их числе детектив «Девушка из его детства», путевые заметки по Сирии и Ливану, роман в письмах «Овидий письма к Августу» - о ссылке римского поэта на берег Черного моря, «Тропинка в небесах. Ожившая легенда монастыря Панагия Сумела» - увлекательный рассказ о приключениях двух монахов, основавших византийский монастырь. Сейчас автор работает над серией «Древности Средиземноморья», которая публикуется на Amazon

Книги Александра Юрченко будут интересны читателям всех возрастов, а особенно, любителям путешествий, приключений, истории и искусства.

Made in the USA
Columbia, SC
09 November 2024